まちごとインド

South India 005 Thanjavur

タンジャヴール

大チョーラ寺院
そびえる「古都」
தஞ்சாவூர்

Asia City Guide Production

【白地図】南インド

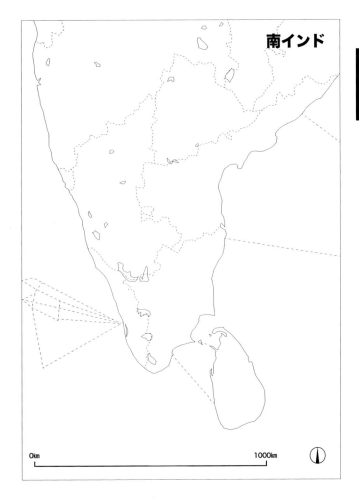

【白地図】タミルナードゥ州

INDIA
南インド

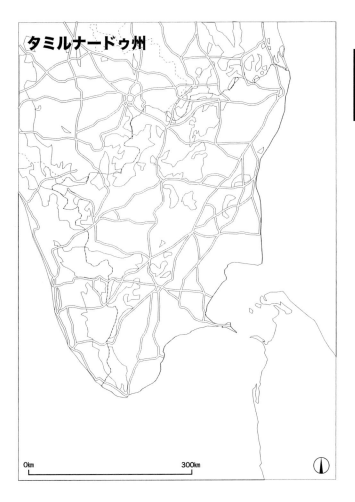

【白地図】タンジャヴール

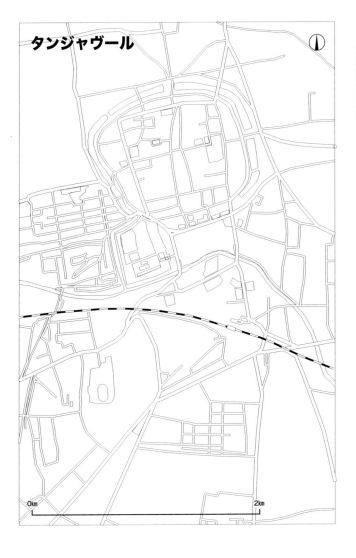

【白地図】ブリハディーシュワラ寺院

INDIA
南インド

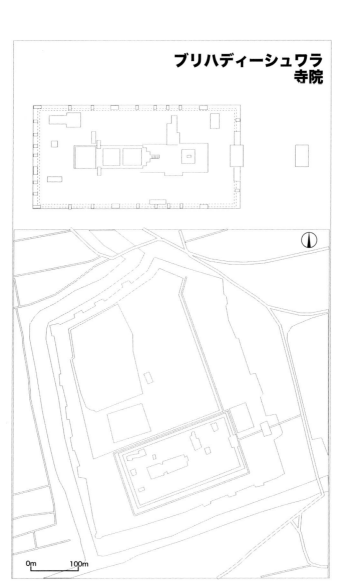

ブリハディーシュワラ寺院

Thanjavur 白地図

【白地図】旧市街

INDIA
南インド

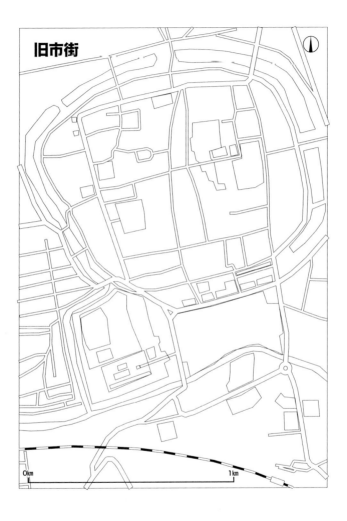

【白地図】王宮

INDIA
南インド

【白地図】タンジャヴール郊外

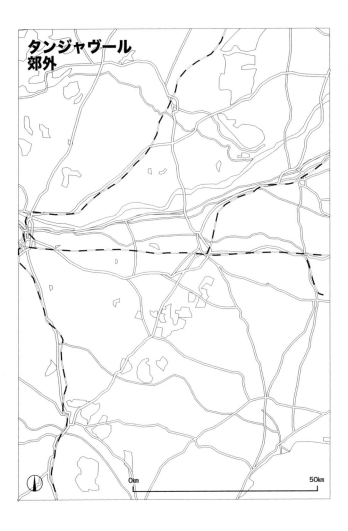

【まちごとインド】
南インド 001 はじめてのタミルナードゥ
南インド 002 チェンナイ
南インド 003 カーンチプラム
南インド 004 マハーバリプラム
南インド 005 タンジャヴール
南インド 006 クンバコナムとカーヴェリー・デルタ
南インド 007 ティルチラパッリ
南インド 008 マドゥライ
南インド 009 ラーメシュワラム
南インド 010 カニャークマリ

INDIA
南インド

西ガーツ山脈からくだりタミルの大地を潤すカーヴェリー河。このカーヴェリー・デルタの中心に位置するタンジャヴールにはチョーラ朝はじめいくつもの王朝の都がおかれ、学問や芸術が栄えた古都の面影が残る。

紀元前後からこの地はチョーラの人々が暮らす土地だったが、11世紀、チョーラ朝のラージャラージャ1世と続くラージェンドラ1世の時代に繁栄をきわめた。首都タンジャヴールには、世界最大規模のヒンドゥー寺院が建てられ、王朝の領土は南インド全域からスリランカに広がり、東南アジアへ

தஞ்சாவூர்
タンジャヴール
Thanjavur

も進出していた。

　チョーラ朝（9～13世紀）以後のナーヤカ朝、マラータ時代でもタンジャヴールはタミル地方の中心都市の地位を保ち、1000年に渡って宮廷文化が続いた。豊かな緑が広がるなかそびえるタンジャヴールのブリハディーシュウワラ寺院は世界遺産に指定されている。

【まちごとインド】

南インド 005 タンジャヴール

目次

タンジャヴール……………………………………………xvi

千年の栄光を伝える都 ……………………………………xxiv

ブリハディーシュワラ寺院鑑賞案内 ……………………xxxiii

中世最強のインド王朝……………………………………xlv

タンジャヴール城市案内…………………………………li

王宮鑑賞案内………………………………………………lxii

郊外城市案内………………………………………………lxx

城市のうつりかわり………………………………………lxxviii

【MEMO】

Thanjavur　タンジャヴール

【地図】南インド

INDIA
南インド

【地図】タミルナードゥ州

INDIA
南インド

千年の栄光を伝える都

INDIA 南インド

南インド随一の穀倉地帯に位置するタンジャヴール
カーヴェリー河の恵みで育まれた
タミル地方の文化的古都

チョーラ国の中心

「チョーラの国」はカーヴェリー・デルタという地理的なまとまりをもち、土地の隅々にまで水を行き渡らせ、豊かな穀倉地帯を形成してきた（またインド南東部のコロマンデル海岸という名前は「チョーラの地」から名づけられている）。このカーヴェリー・デルタの経済力を背景に9～13世紀に南インドで勢力を誇ったのがチョーラ朝で、タンジャヴールに都がおかれていた。チョーラ朝治下のタンジャヴールではそれまでの常識では考えられない超高層寺院が建てられ、建築、彫刻などで後世に影響をあたえるヒンドゥー文化が生まれた。

Thanjavur 千年の栄光を伝える都

息づくバラモン文化

中世以降、北インドはイスラム教徒の侵入を受けたため、ヒンドゥー文化は南インドで受け継がれることになった。ヴィジャヤナガル朝のもとヒンドゥー文化は栄えたが、この王朝が衰退すると、さらに南方のタンジャヴール・ナーヤカ朝で保護された。16〜17世紀、タンジャヴールの宮廷ではサンスクリット語により近いテルグ語が話され、カルナータカ音楽や舞踏劇などが盛んになった（テルグ語はヴィジャヤナガル朝の公用語）。宮廷文化はその後のマラータ時代も続いたため、タンジャヴールは南インドのバラモン文化の中心地と

INDIA
南インド

なり、今でも多くのバラモンが暮らしている。

タンジャヴールという地名

タンジャヴールという地名は、この地がヒンドゥー化する以前に棲んでいた悪魔タンジャンに由来するという。仙人の修行を邪魔をする悪魔タンジャンに対して、仙人はヴィシュヌ神とドゥルガー女神に助けを求め、両者は戦うことになった。敗れたタンジャンは、「自分の名前を地名に残してほしい」と願い、それが受け入れられて「タンジャンの地（タンジャヴール）」と名づけられた。この神話からは南インド土着の

▲左　ブリハディーシュウワラ寺院には多くの人が訪れる。　▲右　バラモン文化が咲き誇ったタンジャヴール王宮

神と北インドの神の戦いと、ヒンドゥー化が見てとれ、同様の話はマハーバリプラムなどでも伝えられている（悪魔バリをヒンドゥーの神が倒した）。

街の構成

タンジャヴールはカーヴェリー河の南に位置し、肥沃な穀倉地帯で囲まれている。グランド・アニカットから扇状に無数の運河が広がり、そのひとつの運河沿いにチョーラ朝の宮廷がおかれていた（ブリハディーシュワラ寺院に隣接し、チョーラ朝の政治、経済、文化の中心だった）。のちの16〜17世

▲左　ヴィジャヤナガル様式の建築が見られる王宮。　▲右　ブリハディーシュウワラ寺院の本殿から出てきた人たち

紀のナーヤカ朝時代にはブリハディーシュワラ寺院の北東に王宮が整備され、続くマラータ時代も王宮を中心とした旧市街がにぎわっていた。1800年、タンジャヴールがイギリスの統治下に入ると、旧市街の南側に新市街が発展し、東西に鉄道がしかれた。

【MEMO】

【地図】タンジャヴール

【地図】タンジャヴールの ［★★★］
- [ ] ブリハディーシュワラ寺院 Brihadeeswarar Temple

【地図】タンジャヴールの ［★★☆］
- [ ] 旧市街 Old City
- [ ] タンジャヴール王宮 Palace

【地図】タンジャヴールの ［★☆☆］
- [ ] 運河 Canal
- [ ] バザール Bazar
- [ ] ラジャラジャン・マニマンダパ Rajarajan Mani Mandapam

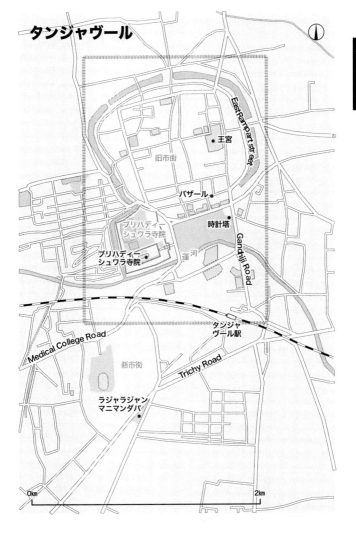

Thanjavur 千年の栄光を伝える都

Guide,
Brihadeeswarar Temple
ブリハディーシュワラ寺院鑑賞案内

天をつくような高さ 65m の本殿
それは 12 世紀以前、世界最高峰の宗教建築だった
チョーラ朝時代に建てられた南方型寺院の傑作

ブリハディーシュワラ寺院
Brihadeeswarar Temple [★★★]

タンジャヴールの中心にそびえるブリハディーシュワラ寺院。チョーラ朝が繁栄をきわめた 1003 年にラージャラージャ 1 世によって建造がはじまり、1009 年に完成した。当初、「ラージャラージャの主」を意味するラージャラージェーシュワラ寺院と名づけられたが、やがて「大いなる神（シヴァ神）」をさすブリハディーシュワラ寺院と呼ばれるようになった（世界に君臨する王はシヴァ神に見立てられた）。東西 240m、南北 120m の周壁をめぐらせ、その中心には十三層からなる

▲左 「踊るシヴァ神」ナタラージャはチョーラ朝の守護神。　▲右　寺院の外と内をつなぐ門塔ゴープラ

ピラミッド状の本殿が立ち、高さは65mに達している。寺院の壁面や柱にはくまなく神々の彫刻がほどこされ、本殿にはシヴァ神そのものと見られるリンガがまつられている。この寺院に隣接してチョーラ朝の王宮があったと言われ、王朝の政治、経済、宗教の中心地となっていた。

ゴープラ Gopuram ［★★☆］

ブリハディーシュワラ寺院では、神々の世界と一般の世界を結ぶ門塔ゴープラが二重に連なる。第1のゴープラは高さ27m、幅20m、それを抜けた第2のゴープラは高さ10m

【MEMO】

【地図】ブリハディーシュワラ寺院の ［★★★］
- □ ブリハディーシュワラ寺院 Brihadeeswarar Temple

【地図】ブリハディーシュワラ寺院の ［★★☆］
- □ ゴープラ Gopuram
- □ ナンディン像 Nandin
- □ 祠堂 Vimana
- □ リンガ Linga

【地図】ブリハディーシュワラ寺院の ［★☆☆］
- □ スブラフマニヤ祠堂 Shrine of Subrahmanya
- □ シヴァガンガ池 Sivaganga Tank
- □ シュワルツ教会 Schwartz Church

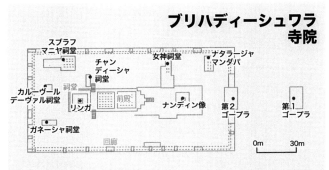

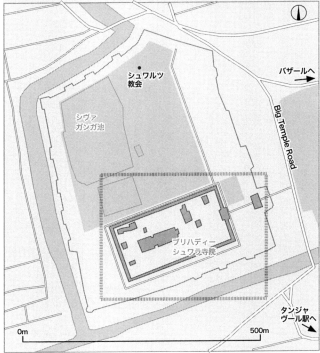

INDIA
南インド

で、いずれも壁面一帯に彫刻がほどこされている(守門神の踊るシヴァ神は、チョーラ朝の守護神でもあった)。これらのゴープラにはともにラージャラージャ1世の称号がつけられ、チョーラ朝以後、ゴープラの高さは本殿をしのぐなどタミル地方で独自の発展を見せた。

ナンディン像 Nandin [★★☆]

ブリハディーシュワラ寺院の本殿に向かって鎮座するナンディン像。聖牛ナンディンはシヴァ神の乗りもので、この像は長さ6m、高さ3.7m、重さは25tでインドで2番目に大

▲左　壁面は神々の彫像で彩られている。　▲右　高さ65mにもなるブリハディーシュワラ寺院

きいという。碑文に16世紀後半の王ナーヤカの名前が見えることから、本殿に遅れて建設された（のちの時代に建物がつけ加えられていった）。

祠堂 Vimana［★★☆］

ブリハディーシュワラ寺院の中核をなす祠堂は、シヴァ神が棲むというカイラス山が表現され、「ペリヤコーイル（大寺院）」とも「ダクシナメール（南の須弥山）」とも呼ばれる。四角錐のプランをもつ本殿の高さは65mで、頂きには80tの花崗岩が載る（この巨岩をどのように運びあげたかはっ

INDIA
南インド

きりとわかっていない)。1009 年にこの寺院が完成するまでは、ヒンドゥー寺院の高さは 10m に満たなかったが、ブリハディーシュワラ寺院の建立で一気に高層化し、それまで誰も見たことのない超巨大寺院が登場した(ガンガイコンダチョーラプラムやダーラースラムにもチョーラ朝の巨大寺院が築かれ、これらはチョーラ王の墓廟代わりでもあった)。

リンガ Linga [★★☆]

祠堂の中心に安置された高さ 3.95m、直径 1.9m の巨大なリンガ。生命力の象徴とみられる男性器リンガはシヴァ神その

▲左　時計まわりに寺院を進む、周囲には副祠堂が立つ。　▲右　回廊の壁面に描かれた絵画、タンジャヴールは芸術の都

ものと見られ、女陰ヨーニが交わることで新たな生命が生まれるという。ラージャラージャ1世の名前をとって、ラージャラージェンシュヴァラと呼ばれていた。

壁面彫刻 Statue ［★★☆］

寺院本体の壁面や柱には、『マハーバーラタ』などのヒンドゥー神話に登場する神々が彫り込まれている。10世紀ごろからチョーラ王はシヴァ神を信仰したことから、ナタラージャ（「踊るシヴァ神」）、トリプラーンタカ（「羅刹の都トリプラを破壊したシヴァ神」）が注目される。またインド美術

史上の傑作ナタラージャのブロンズ像もチョーラ朝時代に生み出された。

回廊 Corridor [★☆☆]
本殿を東西240m、南北120mの周壁がとり囲み、修道院、食堂、貯蔵庫などが配されていた（ヒンドゥー教徒は時計まわりに巡礼する）。回廊の壁面にはタミル語碑文やナーヤカ時代の壁画が残り、リンガが安置されている。寺院を回廊がとり囲むという様式はタミル地方で発展し、のちにシュリーランガムやマドゥライといった寺院都市へと発展していった（寺院

▲左 サリーを美しく着こなす女性。　▲右　上半身裸の男性も見える

を中心に、方形の街区が入れ子状に外へ展開する)。

スブラフマニヤ祠堂 Shrine of Subrahmanya ［★☆☆］

ドラヴィダのムルガン神をまつったスブラフマニヤ祠堂(シヴァ神の次男スカンダと同一視され、「ブラフマーに愛された者」と呼ばれる)。13世紀に建立された建物は、東西15m、南北13.5 m、高さは16.5 mになる。前殿と本殿をもつ様式で、優れた彫刻がほどこされているところから、寺院としての完成度が高い。

中世最強のインド王朝

ラージャラージャ1世とその息子ラージェンドラ1世
全盛期を迎えたチョーラ朝は南インドからスリランカへ領土を広げ
ガンジス河流域、そしてマラッカ海峡にまで遠征を行なった

明確な意図をもって建設

タミル地方では寺院は伝統的な聖地に建てられるのが一般的だったが、11世紀のブリハディーシュワラ寺院は聖地とは関係のない「王の居所」である首都に建てられた。寺院の建設にあたっては花崗岩が使われ、膨大な労働力が注ぎこまれた（それまでの寺院の5倍以上の巨大さで、高さは65mになる）。「王のなかの王」を意味するラージャラージャ1世を頂点に、地方から農村にまで王の権威が浸透し、王とシヴァ神が重ねて見られた。以後、タミルナードゥではシヴァ信仰が広まって現在にいたる。

INDIA
南インド

タンジャヴールに集められた富

ブリハディーシュワラ寺院には、ラージャラージャ1世がこの寺院に40以上の村を寄進したという碑文が残っているという。インドでは、王などの権力者が村落をヒンドゥー寺院に寄付し、ヒンドゥー僧（バラモン）を支配階級として民衆にのぞむという方法がとられてきた。チョーラ朝では寺院が金融事業を行なうなど、政治（チョーラ王）、宗教（シヴァ神）、経済（金融）などでタンジャヴールを中心とする支配体制がととのえられた。強い権力をもったチョーラ王は灌漑や土地の開拓を行なってカーヴェリー・デルタを豊かな穀倉地帯と

▲左　鮮やかなサリーをまとった女性たち。　▲右　寺院に向かってお祈りする人、ここは生きた寺院でもある

し、領土中から集められた穀物や宝物がブリハディーシュワラ寺院に保存されていた。

海の帝国

チョーラ朝のラージャラージャ１世と続くラージェンドラ１世の時代、中国に使節が派遣されている（1015年、中国は宋の時代）。チョーラ朝は海洋交易に積極的に進出し、全盛期にはスリランカを領土とし、1025年には東南アジアのシュリーヴィジャヤ王国も攻撃するなど、ベンガル湾の交易をおさえる海洋国家の性格をもっていた（西方貿易の拠点のマラ

INDIA
南インド

バール海岸、モルディブもおさえていた)。こうした王朝は、内陸部を中心に展開したマウリヤ朝、ムガル帝国などとは性格を異にし、南インド特有のものであった。

寺院に生きた人々

ブリハディーシュウワラ寺院には、祭祀や儀礼を行なうバラモンや占星術師のほか、建築や彫刻の職人、金銀細工師、洗濯人、床屋などさまざまな職業の人々が暮らしていた。チョーラ朝全土から集められた侍女400人、またシヴァ神への踊りを捧げる寺院つきの踊り子デーヴァダーシー、音楽家の姿も

Thanjavur | 中世最強のインド王朝

あった。ラージャラージャ1世の誕生月には大祭が行なわれ、デーヴァダーシーの踊りはインド舞踊バラタナティヤムの源流のひとつとなっている。

Guide, Thanjavur
タンジャヴール城市案内

タンジャヴールはタミル地方を代表する古都
中世以来繁栄をきわめ
現在は世界遺産を抱える観光都市となっている

シヴァガンガ池 Sivaganga Tank ［★☆☆］

ブリハディーシュワラ寺院の北側に広がるシヴァガンガ池。雨季の水を貯める貯水池で、周囲は公園になっている。

シュワルツ教会 Schwartz Church ［★☆☆］

シヴァガンガ池のそばに立つキリスト教のシュワルツ教会。マラータ時代の18世紀にデンマーク人宣教師シュワルツによって建てられ、タンジャヴールのキリスト教布教の拠点となってきた（南インドに暮らす低カーストの人々がキリスト教に改宗した）。

INDIA
南インド

▲左　ブリハディーシュウワラ寺院をとり囲む周壁。　▲右　タンジャヴールの中心、多くの人が行き交う

運河 Canal ［★☆☆］

街の中心を東西に流れる運河。カーヴェリー河からひかれたもので、タンジャヴール近郊では幾本もの運河が走り、その流域を潤している（タンジャヴールの上流地点にあたるグランド・アニカットは紀元前後に建設されたと言われ、川の流れが分水された。とくにチョーラ朝のラージャラージャ1世は灌漑整備を進め、国土を豊かにした）。

【MEMO】

【地図】旧市街

【地図】旧市街の [★★★]
- [ ] ブリハディーシュワラ寺院 Brihadeeswarar Temple

【地図】旧市街の [★★☆]
- [ ] タンジャヴール王宮 Palace
- [ ] 見張り台 Bell Tower
- [ ] 旧市街 Old City

【地図】旧市街の [★☆☆]
- [ ] バザール Bazar
- [ ] ペルマール寺院 Shri Venkatesa Perumal Temple
- [ ] トルカッピヤル・サドゥッカム Tholkappiyar Sadukkam
- [ ] シュリー・チャクラパーニスワーミー寺（シヴァ寺院）Shiva Temple
- [ ] シヴァガンガ池 Sivaganga Tank
- [ ] シュワルツ教会 Schwartz Church

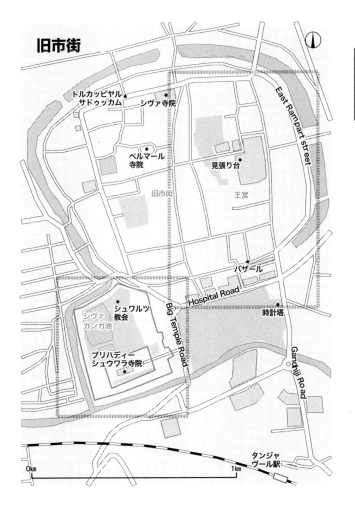

南インド

バザール Bazar [★☆☆]

タンジャヴールの中心部にオールド・バス・スタンドが位置し、その周囲にはいくつもの店が軒を連ねてにぎわっている。精米や手織り綿布などがこの街の産業として知られ、近くには時計塔も立つ。

旧市街 Old City [★★☆]

周囲に掘りをめぐらせたタンジャヴールの旧市街。15世紀のナーヤカ朝、続くマラータの時代に都がおかれた場所で、当時の王宮やヒンドゥー寺院が残っている。

▲左　タミル語で書かれた看板の前を走る自転車。　▲右　王宮から、遠くにドラヴィダ様式の寺院が見える

ペルマール寺院 Shri Venkatesa Perumal Temple[★☆☆]

ちょうど旧市街の中心に位置するペルマール寺院。こぢんまりとしたヒンドゥー寺院で、周囲を塀で囲まれている。

トルカッピヤル・サドゥッカム
Tholkappiyar Sadukkam [★☆☆]

20世紀末に建てられた楼閣トルカッピヤル・サドゥッカム。世界タミル会議のあわせて建設された(タミルナードゥ州は、北インドとは異なる歴史、文化をもつドラヴィダ・ナショナリズムの中心となっている)。

INDIA
南インド

シュリー・チャクラパーニスワーミー寺
Shiva Temple [★☆☆]

シヴァ神がまつられたドラヴィダ式の寺院（シヴァ寺院）。高さ 30 m の巨大な塔門ゴープラからなかに入ると、ピラミッド型の祠堂、また貯水池を備える。

【MEMO】

南インド

ラジャラジャン・マニマンダパ
Rajarajan Mani Mandapam [★☆☆]

タンジャヴール駅の南側に位置するラジャラジャン・マニマンダパ（チョーラ朝ラージャラージャ1世の生誕から1000年が経った20世紀末に整備された）。美しい庭園が広がるほか、博物館がおかれるなど周囲は文教地区となっている。

Guide, Palace
王宮
鑑賞案内
INDIA 南インド

中央北側に残り、王族の暮らしがあった王宮
ナーヤカ朝、タンジャヴール・マラータの宮廷がおかれ
南インドを代表する宮廷文化が咲き誇った

タンジャヴール王宮 Palace ［★★☆］

16〜17世紀のナーヤカ朝、17〜18世紀のマラータ時代に宮廷がおかれていたタンジャヴール王宮。ナーヤカとは、デカンのヴィジャヤナガル朝から派遣された地方長官で、15世紀以降、独立状態となり、タンジャヴール・ナーヤカはマドゥライとならぶ勢力を誇った。ナーヤカ朝は詩、音楽や演劇などヒンドゥー文化を保護し、マラータ時代もそれが続いたことから、タンジャヴールはバラモン文化の中心地となった。この王宮にはダルバール・ホール、天守閣、見張り台などが残り、王宮の門にはインドでも最大級の大砲がおかれている。

マラータ・ダルバール・ホール Maratta Durbar Hall［★★☆］

マラータ・ダルバール・ホールは王宮の中央に位置し、マラータ王が臣下との謁見を行なう広間だった。18世紀に建てられたもので、鮮やかな色彩で天井や柱が彩られ、四方には回廊をめぐらしている。デカンを出自とするマラータ王は、学問や芸術への造詣が深く、ナーヤカ時代に続いてタンジャヴールで宮廷文化が栄えることになった。

▲左　南インド有数の宮廷文化を咲き誇らせたタンジャヴール。　▲右　寺院の本殿を思わせる美術館

王立博物館 Royal Museum ［★☆☆］

マラータ王家が使用した調度品や遺品がならぶ王立博物館。入口付近には巨大なタンジャヴール絵画が飾られている。

美術館 Art Gallery ［★☆☆］

王宮のなかで一際高くそびえる高さ58m、八層からなる美術館。マラータ時代に建てられた楼閣が利用され、南型ドラヴィダ式寺院を思わせる建物となっている。石彫の彫刻や、「踊るシヴァ神」ナタラージャのブロンズ像などヒンドゥー美術が陳列されている。

【MEMO】

【地図】王宮

【地図】王宮の [★★☆]
- ☐ タンジャヴール王宮 Palace
- ☐ マラータ・ダルバール・ホール Maratta Durbar Hall
- ☐ 見張り台 Bell Tower

【地図】王宮の [★☆☆]
- ☐ 王立博物館 Royal Museum
- ☐ 美術館 Art Gallery
- ☐ サラスワティー・マハル図書館 Saraswathi Mahal Library
- ☐ バザール Bazar

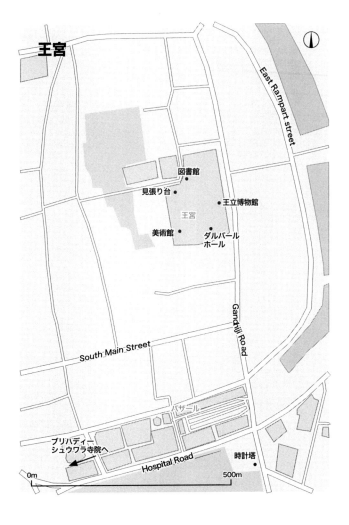

▲左 ダルバール・ホールに飾ってあった美術品。　▲右 ヒンドゥー彫刻が展示されている

見張り台 Bell Tower ［★★☆］

10m四方のプランをもつ7階建ての見張り台（鐘楼）。アーチが連続する各面三間の階層を積みあげた様式となっている。

サラスワティー・マハル図書館
Saraswathi Mahal Library ［★☆☆］

天文学や科学、医学を中心にマラータ王が収集した3〜4万とも言われる写本が保存されたサラスワティー・マハル図書館。サンスクリット語、タミル語、テルグ語、マラーティー語のほかヨーロッパのものもある。

Guide,
Around Thanjavur
郊外
城市案内

INDIA
南インド

>タンジャヴールは南インド有数の穀倉地帯
>豊かな経済力がこの地の文化を育んできた
>青々とした田園地帯が続くタンジャヴール郊外

南インド随一の穀倉地帯

カーヴェリー・デルタに位置するタンジャヴールは、南インド有数の穀倉地帯となっている。インド農業はモンスーン（6〜8月の南西モンスーン、10〜12月の北東モンスーン）の雨量に頼らなくてはいけない環境だが、カーヴェリー・デルタではモンスーンを集めたカーヴェリー河の水をできるだけベンガル湾に逃さず、溜池などに利用される（ティルチラパッリ郊外にグランド・アニカットと呼ばれるダムが整備され、河口部に無数の運河を走らせて灌漑する）。こうしたところから、カーヴェリー・デルタは南インドでも有数の穀倉

【MEMO】

【地図】タンジャヴール郊外の [★☆☆]

- [ ] メーラトゥール Melattur
- [ ] ティルヴァイヤール Thiruvaiyaru
- [ ] プッラマンガイ Pullamangai
- [ ] プーンディ・マッダ・バシリカ Poondi Madha Basilica

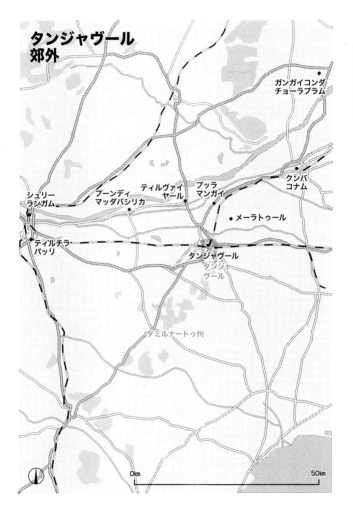

地帯となっていて、水田に稲穂が茂り、二度の収穫が行なわれる。タンジャヴールでは収穫された米穀の取引が行なわれている。

メーラトゥール Melattur [★☆☆]

タンジャヴールの北東18 kmに位置するメーラトゥール。この村ではタンジャヴール・ナーヤカ時代より続くテルグ語舞踏劇バーガヴァタ・メーラーの伝統が受け継がれている（ヴィジャヤナガルの衰退で南下したテルグ・バラモンをタンジャヴールの第2代アチュタッパ・ナーヤカが保護した）。

▲左 青々とした稲穂が揺れるカーヴェリー・デルタ。 ▲右 各地へのバスが発着する

年に一度ヴィジャヤナガル王家の守護神であったナラシンハ（ヴィシュヌ神）の生誕祭の4〜5月に行なわれる。

ティルヴァイヤール Thiruvaiyaru［★☆☆］

タンジャヴールの北13kmに位置し、チョーラ朝時代のパンチャナディーシュワラ寺院が立つティルヴァイヤール。この地は13世紀初頭に生きた「カルナータカ音楽史上の楽聖」ティヤーガラージャが過ごした地としても知られる。ティヤーガラージャは、王からの援助を受けることなく、托鉢と祈りを続けながら過ごしたという。

INDIA
南インド

プッラマンガイ Pullamangai [★☆☆]

10世紀初頭に建てられたブラフマープリーシュヴァラ寺院が残るプッラマンガイ。パッラヴァ朝からチョーラ朝様式への移行期の寺院で、シヴァ神がまつられている。

プーンディ・マッダ・バシリカ
Poondi Madha Basilica [★☆☆]

プーンディ・マッダ・バシリカはタンジャヴールから北西に35km離れた小さな村に立つカトリック教会。18世紀初頭のからの伝統をもち、現在の建物は20世紀末に改築された。

城市のうつりかわり

INDIA 南インド

チョーラ朝、ナーヤカ朝、マラータ
1000年に渡って続いた王朝の宮廷文化
タミルナードゥの文化的古都の変遷

古代チョーラ朝〜パッラヴァ朝（紀元前3〜9世紀）

紀元前3世紀のアショカ王碑文からチョーラ朝が確認でき、最初の都はタンジャヴールから見て上流のティルチラパッリにおかれていた。以後、タミルの地は、タンジャヴールを中心とする「チョーラの国」、マドゥライを中心とする「パーンディヤの国」、ケーララの「チェーラの国」で構成されていた。タンジャヴールは6〜8世紀にはカーンチプラムのパッラヴァ朝の勢力下に入り、そこで生み出された建築や彫刻はのちにチョーラ朝にも影響をあたえることになった。

チョーラ朝（9〜13世紀）

チョーラ朝が再興されたのは9世紀のことで、以後、13世紀までその繁栄が続いた。とくに985年にラージャラージャ1世が即位すると、タミル、ケーララ、スリランカを勢力下におさめ、首都タンジャヴールにブリハディーシュワラ寺院が建立された。また続くラージェンドラ1世は、ガンジス河流域にも遠征し、新たな都ガンガイコンダチョーラプラムを造営するなどチョーラ朝は絶頂期を迎えた。チョーラ朝では海上交易が重視され、東南アジアへの遠征、中国への使節派遣など積極的な外交政策がとられた。

INDIA
南インド

パーンディヤ朝～ヴィジャヤナガル朝（13世紀～15世紀）

12世紀後半になるとチョーラ朝体制はゆらいで各地の領主が台頭するようになった。1279年ごろ、マドゥライのパーンディヤ朝によってチョーラ朝は滅んだが、新たな王朝のもとでタンジャヴールはにぎわっていたという。一方、北インドではイスラム勢力の侵入が繰り返され、1206年、デリー・サルタナット朝が樹立された。1311年、イスラム遠征軍はマドゥライを陥落させてパーンディヤ朝が滅び、イスラム勢力の支配下に入ったが、やがてデカン高原でヒンドゥーのヴィジャヤナガル朝が樹立され、14世紀なかごろにはタン

▲左 タンジャヴール駅前にて、赤と黒の旗はドラヴィダを意味する。 ▲右 チョーラ朝のもと素晴らしい彫刻や建築が生まれた

ジャヴールもこの王朝の勢力下に入った。

ナーヤカ朝（16〜17世紀）

ヴィジャヤナガル朝ではデカン高原からナーヤカと呼ばれる長官が派遣されて地方の統治を行ない、15世紀ごろから独立した地方勢力になっていた。タンジャヴールには国王の義弟アチュタデーヴァラーヤがナーヤカとして派遣されていたが、戦士シェヴァッパがナーヤカの義妹を妻にし、1544年にはこの街の主となった。1565年、ヴィジャヤナガル朝がイスラム王朝に敗れて衰退すると、デカンのバラモンが南下

INDIA
南インド

してナーヤカ朝に庇護を求めた。ナーヤカはこれらの人々を宮廷で雇用し、保護したため、タンジャヴールでバラモン文化が栄えるようになった。

マラータ（17 〜 18 世紀）

ナーヤカ朝時代、タンジャヴールのナーヤカとマドゥライのナーヤカは勢力争いを繰り広げ、1673 年、タンジャヴールはマドゥライ軍に包囲され、やがて滅亡した。混乱が続くなかで、デカンのビージャプルに仕えていた武将ヴィヤンカージーがタンジャヴールを陥落させ、1676 年、独立してマラー

▲左　タンジャヴール王宮を訪れていた一団。　▲右　街を走るリキシャ、時計塔も見える

タ政権を樹立した（ヴィヤンカージーはイスラム勢力の支配を破って1674年、デカンにマラータ王国を樹立するシヴァシーの弟）。ナーヤカ朝時代の王宮跡にダルバール・ホールが建てられ、文芸や音楽、芸術が保護されたため、タンジャヴールの宮廷文化はさらに発展した。

英領インド（18〜20世紀）

17世紀以来、イギリス東インド会社は南インド進出を本格化させ、チェンナイに商館を構えて交易を行なっていた（南インドでは、マラータ、アルコットのナワーブ、マドゥライ

INDIA
南インド

のナーヤカ朝が争っていたが、やがてイギリスが勢力を伸ばした)。1800年、イギリスはタンジャヴール・マラータの王位継承問題に介入して、王に擁立したサラボージーと条約を締結して保護国化し、1855年、タンジャヴールはイギリス領マドラス州の一部となった。マラータのもとで華やいでいた宮廷文化はチェンナイへと遷り、イギリス時代、タンジャヴールはタンジョールと呼ばれていた。

現代（20世紀〜）

1947年にインドが独立すると、言語州の考えから英領マドラス州は小さくなり、現在、タンジャヴールはタミルナードゥ州の一部を構成している。タンジャヴールは14世紀のヴィジャヤナガル朝以来、ナーヤカ朝、マラータと、テルグ語（よりサンスクリット語に近い）を宮廷の公用語とする王朝の支配下にあり、現在でもバラモンが多く暮らす街として知られる。タンジャヴールの多くの人々がタミル語を話す一方、この街には宮廷文化が今でも残り、ブリハディーシュワラ寺院を中心に観光都市にもなっている。

参考文献

『インド、チョーラ朝の美術』(袋井由布子 / 東信堂)

『南アジア史』(辛島昇編 / 山川出版社)

『世界美術大全集インド』(肥塚隆・宮治昭 / 小学館)

『南インドの建築入門』(佐藤正彦 / 彰国社)

『世界歴史の旅南インド』(辛島昇 / 山川出版社)

『音楽芸能の伝承と音楽史の構築』(井上貴子 / 史學雜誌)

『南インドのタミル・ナードゥ州における言語ナショナリズムと芸能』(井上貴子 / 比較文明)

『世界大百科事典』(平凡社)

まちごとパブリッシングの旅行ガイド
Machigoto INDIA , Machigoto ASIA , Machigoto CHINA

【北インド - まちごとインド】

001 はじめての北インド
002 はじめてのデリー
003 オールド・デリー
004 ニュー・デリー
005 南デリー
012 アーグラ
013 ファテープル・シークリー
014 バラナシ
015 サールナート
022 カージュラホ
032 アムリトサル

【西インド - まちごとインド】

001 はじめてのラジャスタン
002 ジャイプル
003 ジョードプル
004 ジャイサルメール
005 ウダイプル
006 アジメール（プシュカル）
007 ビカネール
008 シェカワティ
011 はじめてのマハラシュトラ
012 ムンバイ
013 プネー
014 アウランガバード
015 エローラ
016 アジャンタ
021 はじめてのグジャラート
022 アーメダバード
023 ヴァドダラー（チャンパネール）
024 ブジ（カッチ地方）

【東インド - まちごとインド】

002 コルカタ
012 ブッダガヤ

【南インド - まちごとインド】

001 はじめてのタミルナードゥ
002 チェンナイ
003 カーンチプラム
004 マハーバリプラム
005 タンジャヴール
006 クンバコナムとカーヴェリー・デルタ
007 ティルチラパッリ
008 マドゥライ
009 ラーメシュワラム
010 カニャークマリ
021 はじめてのケーララ
022 ティルヴァナンタプラム
023 バックウォーター（コッラム〜アラップーザ）
024 コーチ（コーチン）
025 トリシュール

【ネパール - まちごとアジア】

001 はじめてのカトマンズ
002 カトマンズ
003 スワヤンブナート

004 パタン
005 バクタプル
006 ポカラ
007 ルンビニ
008 チトワン国立公園

【バングラデシュ - まちごとアジア】

001 はじめてのバングラデシュ
002 ダッカ
003 バゲルハット（クルナ）
004 シュンドルボン
005 プティア
006 モハスタン（ボグラ）
007 パハルプール

【パキスタン - まちごとアジア】

002 フンザ
003 ギルギット（KKH）
004 ラホール
005 ハラッパ
006 ムルタン

【イラン - まちごとアジア】

001 はじめてのイラン
002 テヘラン
003 イスファハン
004 シーラーズ
005 ペルセポリス
006 パサルガダエ（ナグシェ・ロスタム）
007 ヤズド
008 チョガ・ザンビル（アフヴァーズ）
009 タブリーズ

010 アルダビール

【北京 - まちごとチャイナ】

001 はじめての北京
002 故宮（天安門広場）
003 胡同と旧皇城
004 天壇と旧崇文区
005 瑠璃廠と旧宣武区
006 王府井と市街東部
007 北京動物園と市街西部
008 頤和園と西山
009 盧溝橋と周口店
010 万里の長城と明十三陵

【天津 - まちごとチャイナ】

001 はじめての天津
002 天津市街
003 浜海新区と市街南部
004 薊県と清東陵

【上海 - まちごとチャイナ】

001 はじめての上海
002 浦東新区
003 外灘と南京東路
004 淮海路と市街西部
005 虹口と市街北部
006 上海郊外（龍華・七宝・松江・嘉定）
007 水郷地帯（朱家角・周荘・同里・甪直）

【河北省 - まちごとチャイナ】

001 はじめての河北省
002 石家荘
003 秦皇島
004 承徳
005 張家口
006 保定
007 邯鄲

【江蘇省 - まちごとチャイナ】

001 はじめての江蘇省
002 はじめての蘇州
003 蘇州旧城
004 蘇州郊外と開発区
005 無錫
006 揚州
007 鎮江
008 はじめての南京
009 南京旧城
010 南京紫金山と下関
011 雨花台と南京郊外・開発区
012 徐州

【浙江省 - まちごとチャイナ】

001 はじめての浙江省
002 はじめての杭州
003 西湖と山林杭州
004 杭州旧城と開発区
005 紹興
006 はじめての寧波
007 寧波旧城
008 寧波郊外と開発区
009 普陀山
010 天台山
011 温州

【福建省 - まちごとチャイナ】

001 はじめての福建省
002 はじめての福州
003 福州旧城
004 福州郊外と開発区
005 武夷山
006 泉州
007 厦門
008 客家土楼

【広東省 - まちごとチャイナ】

001 はじめての広東省
002 はじめての広州
003 広州古城
004 天河と広州郊外
005 深圳（深セン）
006 東莞
007 開平（江門）
008 韶関
009 はじめての潮汕
010 潮州
011 汕頭

【遼寧省 - まちごとチャイナ】

001 はじめての遼寧省
002 はじめての大連
003 大連市街
004 旅順
005 金州新区

006 はじめての瀋陽
007 瀋陽故宮と旧市街
008 瀋陽駅と市街地
009 北陵と瀋陽郊外
010 撫順

【重慶 - まちごとチャイナ】

001 はじめての重慶
002 重慶市街
003 三峡下り（重慶〜宜昌）
004 大足

【香港 - まちごとチャイナ】

001 はじめての香港
002 中環と香港島北岸
003 上環と香港島南岸
004 尖沙咀と九龍市街
005 九龍城と九龍郊外
006 新界
007 ランタオ島と島嶼部

【マカオ - まちごとチャイナ】

001 はじめてのマカオ
002 セナド広場とマカオ中心部
003 媽閣廟とマカオ半島南部
004 東望洋山とマカオ半島北部
005 新口岸とタイパ・コロアン

【Juo-Mujin（電子書籍のみ）】

Juo-Mujin 香港縦横無尽
Juo-Mujin 北京縦横無尽
Juo-Mujin 上海縦横無尽

【自力旅游中国 Tabisuru CHINA】

001 バスに揺られて「自力で長城」
002 バスに揺られて「自力で石家荘」
003 バスに揺られて「自力で承徳」
004 船に揺られて「自力で普陀山」
005 バスに揺られて「自力で天台山」
006 バスに揺られて「自力で秦皇島」
007 バスに揺られて「自力で張家口」
008 バスに揺られて「自力で邯鄲」
009 バスに揺られて「自力で保定」
010 バスに揺られて「自力で清東陵」
011 バスに揺られて「自力で潮州」
012 バスに揺られて「自力で汕頭」
013 バスに揺られて「自力で温州」

【車輪はつばさ】
南インドのアイラヴァテシュワラ寺院には建築本体に車輪がついていて寺院に乗った神さまが人びとの想いを運ぶと言います。

- 本書はオンデマンド印刷で作成されています。
- 本書の内容に関するご意見、お問い合わせは、発行元のまちごとパブリッシング info@machigotopub.com までお願いします。

まちごとインド
南インド005タンジャヴール
～大チョーラ寺院そびえる「古都」［モノクロノートブック版］

2017年11月14日　発行

著　者	「アジア城市（まち）案内」制作委員会
発行者	赤松　耕次
発行所	まちごとパブリッシング株式会社 〒181-0013　東京都三鷹市下連雀4-4-36 URL http://www.machigotopub.com/
発売元	株式会社デジタルパブリッシングサービス 〒162-0812　東京都新宿区西五軒町11-13 清水ビル3F
印刷・製本	株式会社デジタルパブリッシングサービス URL http://www.d-pub.co.jp/

MP036

ISBN978-4-86143-170-8 C0326　　　　Printed in Japan
本書の無断複製複写（コピー）は、著作権法上での例外を除き、禁じられています。